絵ものがたり

正信偈

文＝浅野執持

釈 徹宗＝解説

2

—— インドから中国へ　ひかりを伝えたお坊さま ——

藤井智子／加藤 正／麻田弘潤
絵

法藏館

ある日《ひ》のこと
お釈迦《しゃか》さまは楞伽山《りょうがせん》で
おっしゃいました

「私《わたし》が世《よ》を去《さ》った後《のち》
南《みなみ》インドに
ひとりの僧《そう》があらわれ
人々《ひとびと》を導《みちび》くことでしょう」

それから、数百年《すうひゃくねん》が経《た》ち
龍樹《りゅうじゅ》菩薩《ぼさつ》（ナーガルジュナ）が
お生《う》まれになりました

釈《しゃ》迦《か》如《にょ》来《らい》楞《りょう》伽《が》山《せん》
為《い》衆《しゅ》告《ごう》命《みょう》南《なん》天《てん》竺《じく》
龍《りゅう》樹《じゅ》大《だい》士《じ》出《しゅっ》於《と》世《せ》
悉《しつ》能《のう》摧《ざい》破《は》有《う》無《む》見《けん》

釈迦如来《しゃかにょらい》、楞伽山《りょうがせん》にして
衆《しゅう》のために告命《ごうみょう》したまわく、南天竺《なんてんじく》に
龍樹大士《りゅうじゅだいじ》世《よ》に出《い》でて
ことごとくよく有無《うむ》の見《けん》を摧破《さいは》せん

「永遠《えいえん》に変《か》わらないものがあるはずだ」

「いや、死《し》んで残《のこ》るものなど何《なに》もない」

ものごとの一面《いちめん》にとらわれ
さまざまな考《かんが》えが対立《たいりつ》していた
その頃《ころ》のインド

龍樹菩薩《りゅうじゅぼさつ》は、こうした考《かんが》えを
ひとつひとつ
ていねいに正《ただ》していかれました

宣《せん》説《ぜつ》大《だい》乗《じょう》無《む》上《じょう》法《ほう》
証《しょう》歓《かん》喜《ぎ》地《じ》生《しょう》安《あん》楽《らく》

大《だい》乗《じょう》無《む》上《じょう》の法《ほう》を宣《せん》説《ぜつ》し
歓《かん》喜《ぎ》地《じ》を証《しょう》して安《あん》楽《らく》に生《しょう》ぜんと

すべての人《ひと》にひらかれた
龍《りゅう》樹《じゅ》菩《ぼ》薩《さつ》の教《おし》え

その教《おし》えは
多《おお》くの人《ひと》を乗《の》せ
海《うみ》や河《かわ》を渡《わた》す船《ふね》にたとえられる
大乗《だいじょう》（大《おお》きく優《すぐ》れた乗《の》りもの）と
いわれるものでした

ある日《ひ》のこと
龍《りゅう》樹《じゅ》菩《ぼ》薩《さつ》はお説《と》きになりました

顕《けん》示《じ》難《なん》行《ぎょう》陸《ろく》路《ろ》苦《く》
信《しん》楽《ぎょう》易《い》行《ぎょう》水《しい》道《どう》楽《らく》

難《なん》行《ぎょう》の陸《ろく》路《ろ》、苦《くる》しきことを顕《けん》示《じ》して
易《い》行《ぎょう》の水《すい》道《どう》、楽《たの》しきことを信《しん》楽《ぎょう》せしむ

「いま、あなたの前《まえ》に道《みち》があります

ひとつは
はてなき砂《さ》漠《ばく》や
けわしい山《やま》々《やま》を
こえてゆくような道《みち》

厳《きび》しく、困《こん》難《なん》な
修《しゅ》行《ぎょう》の道《みち》です

もうひとつは
船《ふね》に乗《の》り、水路《すいろ》をゆくような
やさしく、確《たし》かな道《みち》

仏《ほとけ》さまのねがいと
そのはたらきに
自《みずか》らをゆだねてゆく道《みち》です」

憶《おく》念《ねん》弥《み》陀《だ》仏《ぶつ》本《ほん》願《がん》
自《じ》然《ねん》即《そく》時《じ》入《にゅう》必《ひつ》定《じょう》
唯《ゆい》能《のう》常《じょう》称《しょう》如《にょ》来《らい》号《ごう》
応《おう》報《ほう》大《だい》悲《ひ》弘《ぐ》誓《ぜい》恩《おん》

弥《み》陀《だ》仏《ぶつ》の本《ほん》願《がん》を憶《おく》念《ねん》すれば
自《じ》然《ねん》に即《そく》の時《とき》必《ひつ》定《じょう》に入《い》る
ただよくつねに如《にょ》来《らい》の号《みな》を称《しょう》して
大《だい》悲《ひ》弘《ぐ》誓《ぜい》の恩《おん》を報《ほう》ずべしといえり

〝ナモアミダブツ〟
この道《みち》を、ゆく

「名《な》に込《こ》められた
仏《ほとけ》さまのねがいが
あなたのこころに満《み》ち満《み》ちる、そのとき
さとりへの道《みち》は、ひらかれるのです

そして、どんなときも
この名《な》をたたえ
ねがいのうちに、生《い》きるのです」

龍樹菩薩《りゅうじゅぼさつ》

仏教から、通常の認識や存在論を揺るがす衝撃的な理念が生まれます。それが「空《くう》」です。「一切は空である」との立場は、この世界のすべての前提をひっくり返す破壊力をもっています。この「空」思想を完成させたのが、南インド出身の龍樹菩薩でした。龍樹菩薩は「空」思想のみならず、大乗仏教の基盤を完成させた人物です。つまり、仏教史上最大の転換期をもたらした人なのです。

龍樹とは、ナーガールジュナという名前の翻訳《ほんやく》です。ナーガとアルジュナから成り立つ名前であり、ナーガは龍《りゅう》という意味、アルジュナ（インド神話の英雄の名前）を音訳して樹《じゅ》、あわせて龍樹《りゅうじゅ》となります。二世紀から三世紀にかけての人物だと考えられています。

龍樹菩薩の伝記については、不明の部分が多いのですが、もっともよく知られている鳩摩羅什《くまらじゅう》（クマーラジーヴァ）の『龍樹菩薩《りゅうじゅぼさつ》伝《でん》』によれば、南インドのバラモン出身となっています。とにかく早熟の天才で、早々に科学や宗教に精通してしまったため、ニヒルな青年に成長したようです。龍樹青年は三人の親友と共に、快楽の限りを尽くしていたのですが、その三人の死をきっかけに仏教の出家者となります。出家後は、複数に分裂していた仏教各派の思想を修学します。

あるとき、出家者・龍樹は、ヒマラヤ山中にある仏塔《ぶっとう》にいた老僧から大乗経典《だいじょうきょうてん》をいくつか授けられます。これが大乗仏教との出会いとなりました。その後は、大龍菩薩《だいりゅうぼさつ》によって導かれて、大乗仏教の真髄《しんずい》にふれ、自らの修行を完成させたとされています。

仏教は龍樹以前と以後とでは、いちじるしい変貌《へんぼう》を遂げていますので、第二のお釈迦さまと言っても過言ではないでしょう。中国仏教では早くから菩薩と讃えられてきました。日本やチベットの仏教における影響は多大なものがあります。

龍樹菩薩の著作として、『中論《ちゅうろん》』『十二門論《じゅうにもんろん》』『大智度論《だいちどろん》』『十住毘婆沙論《じゅうじゅうびばしゃろん》』などを挙げることができます。ただ、学問的には『十二門論』『大智度論』『十住毘婆沙論』などは、本当に龍樹菩薩の著作かどうか議論が続いているところです。

浄土真宗では、『十住毘婆沙論』（十七巻・三十五品）の中にある第五巻・第九品《だいくぼん》の「易行品《いぎょうぼん》」を聖教《しょうぎょう》とします。ここでは、仏教を難行《なんぎょう》の道と易行《いぎょう》の道とに二大別していまして、さまざまな仏や菩薩の易行が述べられています。そしてそれらの中でも阿弥陀仏の易行が中心に取り上げられて、信心による易行を明かす「信方《しんほう》便易行《べんいぎょう》」が説かれているのです。

（釈 徹宗）

龍樹菩薩《りゅうじゅぼさつ》が世《よ》を去《さ》ってから、百年余《ひゃくねんあまり》
インドの西北《せいほく》に
天親菩薩《てんじんぼさつ》（ヴァスバンドゥ）が
お生《う》まれになりました

天《てん》親《じん》菩《ぼ》薩《さつ》造《ぞう》論《ろん》説《せつ》
帰《き》命《みょう》無《む》碍《げ》光《こう》如《にょ》来《らい》
依《え》修《しゅ》多《た》羅《ら》顕《けん》真《しん》実《じつ》
光《こう》闡《せん》横《おう》超《ちょう》大《だい》誓《せい》願《がん》

天《てん》親《じん》菩《ぼ》薩《さつ》、『論《ろん》』を造《つく》りて説《と》かく
無《む》礙《げ》光《こう》如《にょ》来《らい》に帰《き》命《みょう》したてまつる
修《しゅ》多《た》羅《ら》によりて真《しん》実《じつ》を顕《あらわ》して
横《おう》超《ちょう》の大《だい》誓《せい》願《がん》を光《こう》闡《せん》す

天《てん》親《じん》菩《ぼ》薩《さつ》は
お釈《しゃ》迦《か》さまの教《おし》えをもとに
『浄《じょう》土《ど》論《ろん》』
という書《しょ》物《もつ》を著《あら》わされました

そのはじまりに

「何《なに》ものにも、さまたげられない
救《すく》いの光《ひかり》――
〝ナモアミダブツ〟に
すべてをゆだねます」

と、お説《と》きになったのです

広《こう》由《ゆ》本《ほん》願《がん》力《りき》回《え》向《こう》
為《い》度《ど》群《ぐん》生《じょう》彰《しょう》一《いっ》心《しん》
帰《き》入《にゅう》功《く》徳《どく》大《だい》宝《ほう》海《かい》
必《ひつ》獲《ぎゃく》入《にゅう》大《だい》会《え》衆《しゅ》数《しゅ》

広《ひろ》く本《ほん》願《がん》力《りき》の回《え》向《こう》によりて
群《ぐん》生《じょう》を度《ど》せんがために一《いっ》心《しん》を彰《あらわ》す
功《く》徳《どく》大《だい》宝《ほう》海《かい》に帰《き》入《にゅう》すれば
かならず大《だい》会《え》衆《しゅ》の数《かず》に入《い》ることを獲《う》

苦《くる》しみの連《れん》鎖《さ》を
誰《だれ》もがひとしく、超《こ》えゆくには
阿《あ》弥《み》陀《だ》如《にょ》来《らい》のねがいによるしかない
と、見《み》抜《ぬ》かれた天《てん》親《じん》菩《ぼ》薩《さつ》は

仏《ほとけ》さまのねがいが
まっすぐ私《わたし》にとどく姿《すがた》を
〝一心《いっしん》〟と
示《しめ》されました

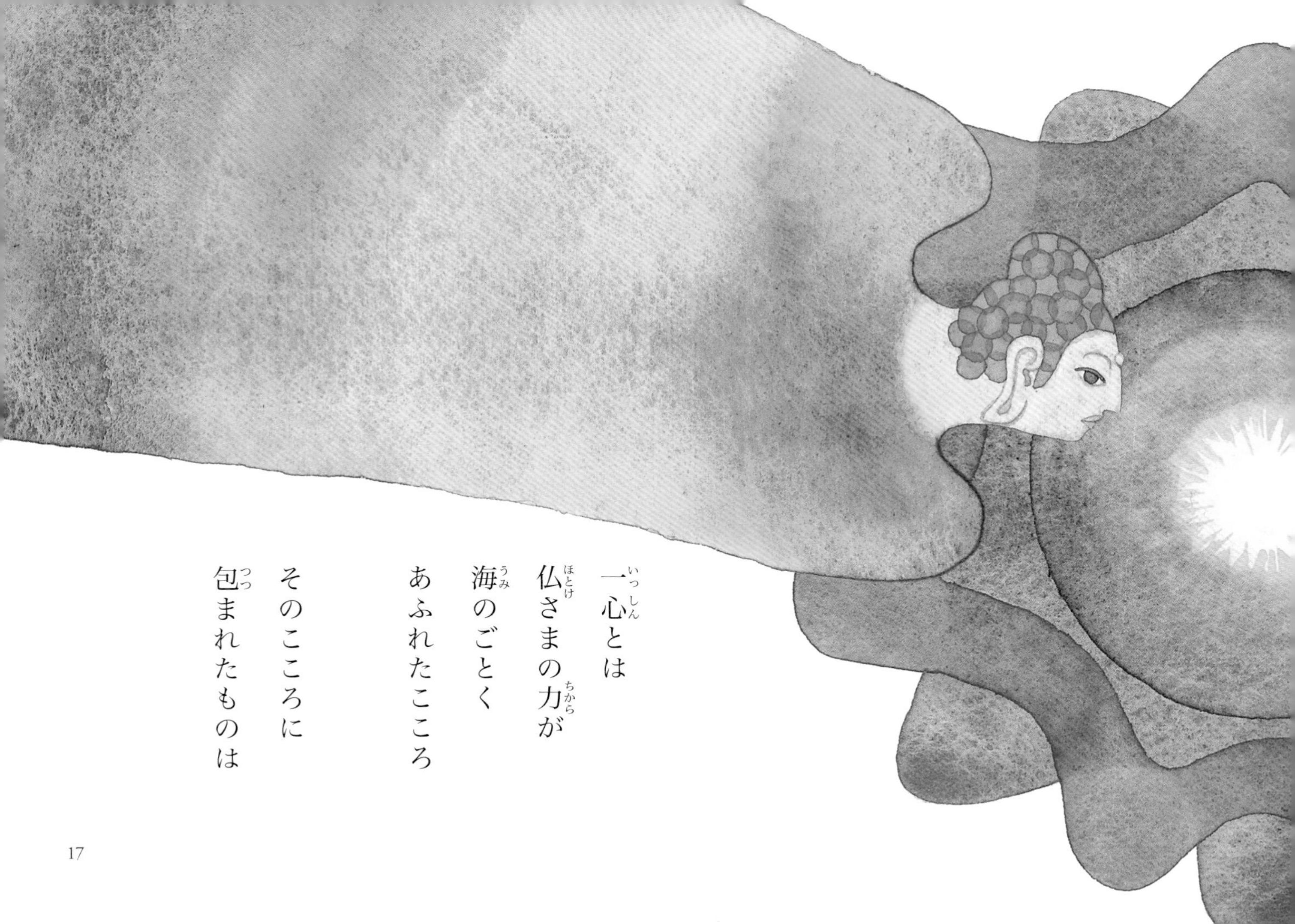

一心《いっしん》とは
仏《ほとけ》さまの力《ちから》が
海《うみ》のごとく
あふれたこころ
そのこころに
包《つつ》まれたものは

得《とく》至《し》蓮《れん》華《げ》蔵《ぞう》世《せ》界《かい》
即《そく》証《しょう》真《しん》如《にょ》法《ほっ》性《しょう》身《じん》
遊《ゆう》煩《ぼん》悩《のう》林《りん》現《げん》神《じん》通《ずう》
入《にゅう》生《しょう》死《じ》園《おん》示《じ》応《おう》化《げ》

蓮華蔵世界《れんげぞうせかい》に至《いた》ることを得《う》れば
すなわち真如法性《しんにょほっしょう》の身《しん》を証《しょう》せしむと
煩悩《ぼんのう》の林《はやし》に遊《あそ》んで神通《じんずう》を現《げん》じ
生死《しょうじ》の園《その》に入《い》りて応化《おうげ》を示《しめ》すといえり

さとりの世界《せかい》へ
ともに向《む》かう仲間《なかま》となり

やがて、いのちを終《お》えると同時《どうじ》に
浄土《じょうど》に生《う》まれ
阿弥陀如来《あみだにょらい》のこころと一《ひと》つになるでしょう

そして
生《せい》と死《し》が繰《く》り返《かえ》されるこの世界《せかい》に
思《おも》いのままに姿《すがた》を現《あらわ》し
悲《かな》しみとともに生《い》きる者《もの》たちの
導《みちび》きとなるのです

天親《てんじん》菩薩《ぼさつ》

天親菩薩は、プルシャプラ出身の人です。天親《てんじん》という名前は、ヴァスバンドゥの翻訳です。世親《せしん》とも訳されています。西暦四〇〇年から四八〇年くらいの間を生きた人物だったとされています。プルシャプラはガンダーラ地方の中心地であり、クシャーナ朝時代には仏教研究の拠点でもありました。現在のパキスタンのペシャワールあたりとなります。この地は、東西各地の宗教・思想・文化が互いに影響を及ぼしあう要所として知られています。天親菩薩は、部派《ぶは》仏教と大乗《だいじょう》仏教の両領域において巨大な足跡《そくせき》を残す稀有《けう》な人物です。天親菩薩が著述した『阿毘達磨倶舎論《あびだるまくしゃろん》』（通称、倶舎論《くしゃろん》）は、仏教史上燦然《さんぜん》と輝く大著《たいちょ》であり、有部《うぶ》を軸とした部派仏教の教理を見事に体系化した書であると言えます。

有力バラモン家系の次男として生まれた天親菩薩は、大変明《めい》晰《せき》な頭脳をもった人でした。自分の先生の代わりに他宗教と論戦して勝ったこともあったそうです。部派仏教のすべてに通じていて、「大乗仏教は仏説ではない」と主張していました。しかし、兄の無着《むちゃく》（アサンガ）の導きによって大乗仏教の道を歩むことになり、『般若経《はんにゃきょう》』『華厳経《けごんぎょう》』『法華経《ほけきょう》』『維摩経《ゆいまきょう》』などといった代表的な大乗経典の論書を完成させます。特に天親菩薩の業績として後世に多大な影響を与えたのは「唯識《ゆいしき》」の体系化でした。また、『無量寿経《むりょうじゅきょう》優婆提舎願生偈《うばだいしゃがんしょうげ》』（浄土論《じょうどろん》）によって、浄土仏教への道を切り開いています。ひとりの人間がこれほどまで広大な思想フィールドを展開できるのであろうか、という疑問が出るほどの人なのです。

浄土真宗では、『無量寿経優婆提舎願生偈』を正依《しょうえ》とします。この書は、韻《いん》をふまえた二十四行の偈頌《げじゅ》と、三千字足らずの長行《じょうごう》（散文）によって記述されています。偈頌の第一行目は、「世《せ》尊《そん》、我《わ》れ一心《いっしん》に尽十方無礙光如来《じんじっぽうむげこうにょらい》に帰命《きみょう》したてまつり、安楽国《あんらくこく》に生《しょう》ぜんと願《がん》ず」とあります。まさにここにおいて、仏道における「信による救い」の昇華《しょうか》を見ることができます。この「如来へ一心に帰命《きみょう》する」態度が浄土仏教の基盤となるのです。

そして、天親菩薩は「一心」の徳を拡げて五念門行《ごねんもんぎょう》（礼拝《らいはい》・讃《さん》嘆《だん》・作願《さがん》・観察《かんざつ》・回向《えこう》）を示し、五念門行を修することで五つの果《か》（五果門《ごかもん》）を得て、ついには完全なる悟りの一果《いっか》に至る道を説いたのでした。

（釈 徹宗）

本師《ほんし》曇鸞《どんらん》梁天子《りょうてんし》
常向《じょうこう》鸞《らん》処《しょ》菩薩《ぼさつ》礼《らい》

本師曇鸞《ほんしどんらん》は、梁《りょう》の天子《てんし》
つねに鸞《らん》の処《ところ》に向《む》かいて菩薩《ぼさつ》と礼《らい》したてまつる

インドで、天親菩薩《てんじんぼさつ》が世《よ》を去《さ》った頃《ころ》
曇鸞大師《どんらんだいし》が
中国《ちゅうごく》にお生《う》まれになりました
曇鸞大師《どんらんだいし》の教《おし》えは多《おお》くの人《ひと》を導《みちび》き
遠《とお》くの国《くに》にまで広《ひろ》まりました

梁《りょう》という
南《みなみ》の国《くに》の王《おう》さまは
曇鸞大師《どんらんだいし》がおられる北《きた》の方《ほう》を向《む》き
「菩薩《ぼさつ》さま」と
いつも礼拝《らいはい》したといいます

三蔵《さんぞう》流《る》支《し》授《じゅ》浄教《じょうきょう》
焚《ぼん》焼《じょう》仙《せん》経《ぎょう》帰《き》楽《らく》邦《ほう》

三蔵《さんぞう》流支《るし》、浄教《じょうきょう》を授《さず》けしかば
仙経《せんぎょう》を焚焼《ぼんじょう》して楽邦《らくほう》に帰《き》したまいき

かつて、曇鸞大師《どんらんだいし》は
お釈迦《しゃか》さまのみ教《おし》えを読《よ》み解《と》くには
自分《じぶん》のいのちは、短《みじか》すぎると憂《うれ》い
長寿《ちょうじゅ》の術《すべ》を
仙人《せんにん》の教《おし》えに求《もと》めていました

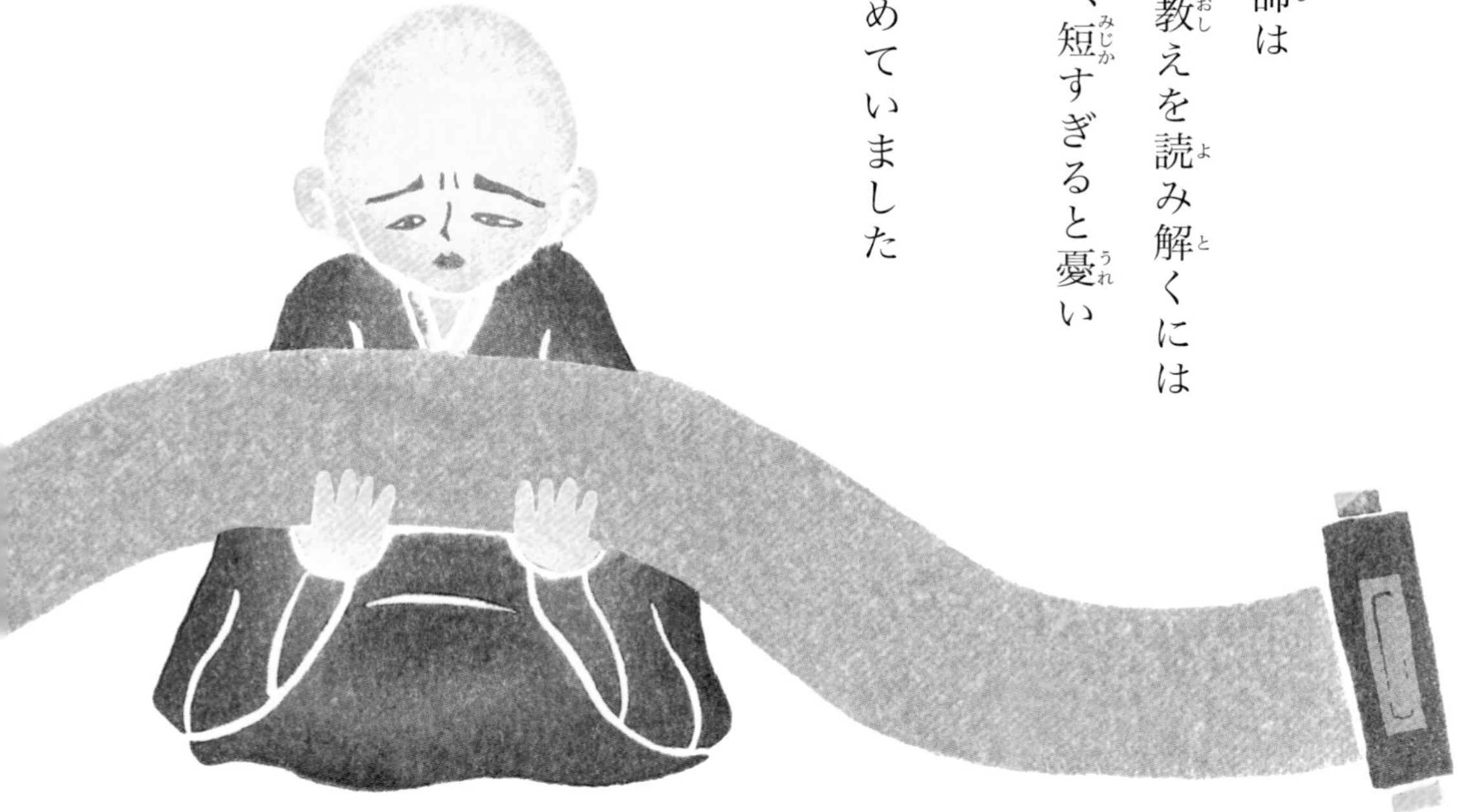

ちょうどその頃《ころ》
菩《ぼ》提《だい》流《る》支《し》という三蔵《さんぞう》が
阿《あ》弥《み》陀《だ》如《にょ》来《らい》の教《おし》えが記《しる》されたお経《きょう》を
いのちをかけて
インドから
中国《ちゅうごく》に
伝《つた》えました

曇鸞大師《どんらんだいし》は、そこに説《と》かれた
阿弥陀如来《あみだにょらい》の教《おし》えに
出遇《であ》うやいなや
仙人《せんにん》の教《おし》えの書物《しょもつ》のすべてを
焼《や》き捨《す》ててしまいました

「阿弥陀如来《あみだにょらい》の
かぎりのない光《ひかり》の世界《せかい》
それは
はかなき私《わたし》のいのちの上《うえ》にこそ
ひらかれている
私《わたし》はこの教《おし》えとともに生《い》きよう」

天《てん》親《じん》菩《ぼ》薩《さつ》論《ろん》註《ちゅう》解《げ》
報《ほう》土《ど》因《いん》果《が》顕《けん》誓《せい》願《がん》
往《おう》還《げん》回《ね》向《こう》由《ゆ》他《た》力《りき》
正定《しょうじょう》之《し》因《いん》唯《ゆい》信《しん》心《じん》

天《てん》親《じん》菩《ぼ》薩《さつ》の『論《ろん》』を註解《ちゅうげ》して
報《ほう》土《ど》の因果《いんが》誓願《せいがん》に顕《あらわ》す
往《おう》還《げん》の回向《えこう》は他力《たりき》による
正定《しょうじょう》の因《いん》はただ信心《しんじん》なり

曇《どん》鸞《らん》大《だい》師《し》は
さとりの世《せ》界《かい》について示《しめ》された
天《てん》親《じん》菩《ぼ》薩《さつ》の「浄土論《じょうどろん》」を
解《と》きあかしました

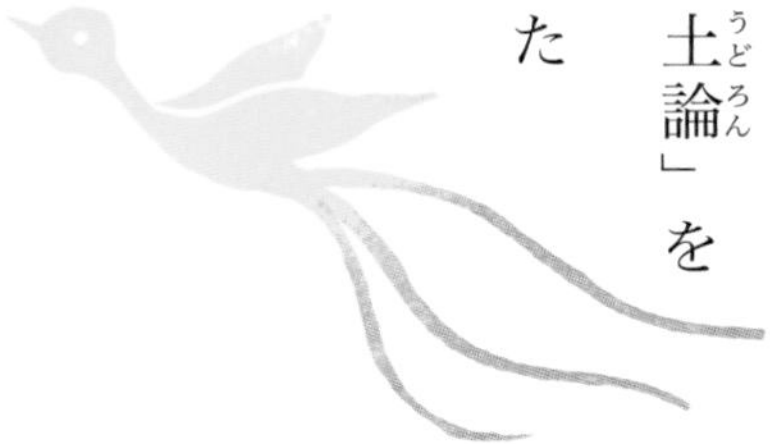

「苦《く》しみの連《れん》鎖《さ》を超《こ》えて
さとりの世《せ》界《かい》へ生《う》まれる

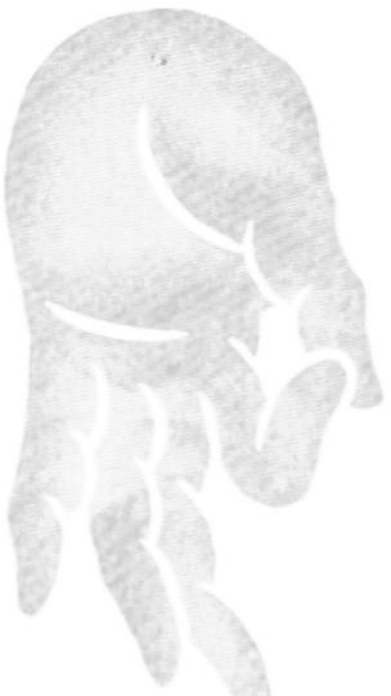

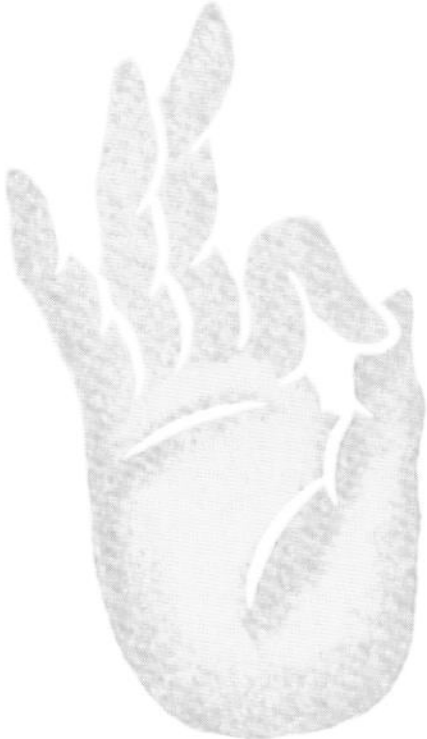

さとりのいのちとなり
この世界《せかい》へかえる

そのすべては
阿弥陀如来《あみだにょらい》のねがいの中《なか》に
はたらきの中《なか》にある

さとりにつながる道《みち》を
ひらくのは
阿弥陀如来《あみだにょらい》のねがいが
まっすぐにとどく
〝信心《しんじん》〟
というこころのみ

惑《わく》染《ぜん》凡《ぼん》夫《ぶ》信《しん》心《じん》発《ぼつ》
証《しょう》知《ち》生《しょう》死《じ》即《そく》涅《ね》槃《はん》
必《ひっ》至《し》無《む》量《りょう》光《こう》明《みょう》土《ど》
諸《しょ》有《う》衆《しゅ》生《じょう》皆《かい》普《ふ》化《け》

惑《わく》染《ぜん》の凡《ぼん》夫《ぶ》、信《しん》心《じん》発《ほっ》すれば
生《しょう》死《じ》すなわち涅《ね》槃《はん》なりと証《しょう》知《ち》せしむ
かならず無《む》量《りょう》光《こう》明《みょう》土《ど》に至《いた》れば
諸《しょ》有《う》の衆《しゅ》生《じょう》みなあまねく化《け》すといえり

そのこころが恵《めぐ》まれるとき

迷《まよ》いの世《せ》界《かい》にありながらも
苦《くる》しみを抱《かか》え、生《い》き惑《まど》おうとも
さとりの道《みち》はひらかれるのです

そして、必《かなら》ず
かぎりなく輝《かがや》く浄《じょう》土《ど》へと至《いた》り

すべてのいのちを導《みちび》く〝さとり〟に
あなた自身《じしん》が、なるのです」

曇鸞大師《どんらんだいし》

曇鸞大師（四七六－五四二）は南北朝時代の北魏《ほくぎ》に、五台山《ごだいさん》からほど近い雁門《がんもん》に生まれました。

十五歳になるまでには、聖地・五台山に心を惹《ひ》かれて出家したとされています。龍樹菩薩《りゅうじゅぼさつ》の教えに通じ、『涅槃経《ねはんぎょう》』や『大集《だいじっ》経《きょう》』を研究しました。五十歳に手が届こうかという頃、心身の調子を崩《くず》します。そこから本草《ほんぞう》（医薬学）や道教《どうきょう》の健康法などを求めるようになります。道教（神仙《しんせん》の教え）の巨人であった陶弘景《とうこうけい》を訪ねて梁国《りょうこく》へも赴きました。梁の武帝《ぶてい》・蕭衍《しょうえん》（五〇二－五四九在位）は熱心な仏教徒だったので、曇鸞大師に教えを請います。その武帝の仲立ちもあって、曇鸞大師は陶弘景と会い、神仙《しんせん》の経典十巻を授かるのです。

しかし、その曇鸞大師に大きな転機が訪れます。長生の法を陶弘景から授かった曇鸞大師は首都洛陽《らくよう》を訪れ、そこで菩提流《ぼだいる》支《し》三《さん》蔵《ぞう》と会います。菩提流支はインドの僧で、数多くの仏典を漢訳した有名な人物です。曇鸞が長生の法を得たことを誇ると、菩提流文は「たとえこの世に長く生きたとて所詮《しょせん》はわずかな期間であり、輪廻《りんね》へと堕《お》ちるだけだ。しかし、この仏法を修《しゅ》すれば生き死にを超えることができる」と経典を授けます。この教えに導かれた曇鸞は、仙経《せんぎょう》を焼き捨てて、浄土の仏道へと廻心《えしん》するのです。授かった経典とは何だったのでしょうか。『観無量寿経《かんむりょうじゅきょう》』だったという説や、天親菩薩《てんじんぼさつ》の『浄土論《じょうどろん》』だったという説があります。

浄土の教えに帰依《きえ》した曇鸞大師は、『浄土論』に取り組みながら、自行化他《じぎょうけた》の道を歩みます。大勢の人を浄土願生者《じょうどがんしょうしゃ》へと導いたのです。そして六十七歳の時、病のために平遥《へいよう》の山寺で往生の素懐《そかい》を遂げています。梁の武帝・蕭衍は常に曇鸞大師がいる方向に礼拝し、東魏《とうぎ》の孝静帝《こうせいてい》は、曇鸞大師を神鸞《じんらん》と呼んで尊敬しました。

親鸞聖人は曇鸞大師に大きな影響を受けています。特に、天親菩薩の『無量寿経《むりょうじゅきょう》優《う》婆《ば》提舎願生偈《だいしゃがんしょうげ》』（浄土論・菩提流支訳）に注解をほどこした『無量寿経優婆提舎願生偈註《ちゅう》』（浄土論註《じょうどろんちゅう》）と、『讃阿《さんあ》弥陀仏偈《みだぶつげ》』が曇鸞大師における注目すべき著作です。

曇鸞大師は、龍樹菩薩の著述とされる「易行品《いぎょうほん》」に説かれた難《なん》行道《ぎょうどう》と易行道《いぎょうどう》に基づき、自力と他力の仏道を開顕《かいけん》します。他力の開顕こそ、曇鸞大師の偉業《いぎょう》です。そして「信方便易行《しんほうべんいぎょう》」の教えから、阿弥陀仏の本願成就《ほんがんじょうじゅ》のはたらきを縁として、それを受けとめる信を因《いん》とした他力の仏教体系を示すのです。まさに、龍樹菩薩と天親菩薩の教えを統合して論じた人なのです。

（釈 徹宗）

［文］
浅野執持（あさの しゅうじ）
浄土真宗本願寺派・万福寺副住職、広島仏教学院講師

［絵］
藤井智子（ふじい さとこ）　切絵・水彩　1～10頁
真宗大谷派・政淳寺
加藤正（かとう ただし）　水彩　12～20頁
浄土真宗本願寺派・法珠寺住職
麻田弘潤（あさだ こうじゅん）　消しゴムはんこ　22～32頁
浄土真宗本願寺派・極楽寺住職

［解説］
釈徹宗（しゃく てっしゅう）
浄土真宗本願寺派・如来寺住職、相愛大学教授（宗教思想）

絵ものがたり 正《しょう》信《しん》偈《げ》2 ――インドから中国へ　ひかりを伝えたお坊さま――

二〇二一年　九月一〇日　初版第一刷発行
二〇二二年　九月　一日　初版第三刷発行

文――浅野執持
絵――藤井智子・加藤正・麻田弘潤
発行者――西村明高
発行所――株式会社法藏館
京都市下京区正面通烏丸東入
郵便番号六〇〇-八一五三
電話〇七五-三四三-〇〇三〇（編集）
〇七五-三四三-五六五六（営業）

ブックデザイン――野田和浩
協力――岡本法治・秋田泰嗣・石田智絵
印刷・製本――亜細亜印刷株式会社

ISBN978-4-8318-8791-7 C0015